CALIGRAFIA criativa PARA RELAXAR

1.ª EDIÇÃO – COTIA, 2018

Todos os direitos desta edição
reservados para Editora Pé da Letra
www.editorapedaletra.com.br

© A&A Studio de Criação — 2018

Direção editorial	James Misse
Edição	Andressa Maltese
Design e Ilustração	Leonardo Malavazzi
	Lucas Coutinho
Fotos	depositphotos.com
Revisão de Texto	Nilce Bechara
	Marcelo Montoza

DCIP-BRASIL. CATALOGAÇÃO-NA-FONTE
SINDICATO NACIONAL DOS EDITORES DE LIVROS, RJ

C156

Caligrafia criativa para relaxar / [A&A Studio de Criação]. - 1. ed. - Cotia [SP] : Pé da Letra, 2018.

80p.

ISBN 978-85-9520-124-8

1. Caligrafia - Técnica. 2. Arte. I. A&A Studio de Criação.

18-53782 CDD: 745.61
CDU: 744.9

Vanessa Mafra Xavier Salgado - Bibliotecária - CRB-7/6644

SUMÁRIO

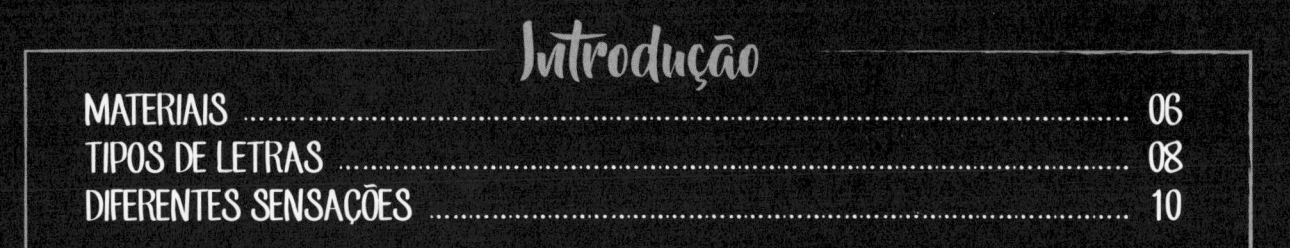

Introdução

MATERIAIS	06
TIPOS DE LETRAS	08
DIFERENTES SENSAÇÕES	10

Letras

CALIGRAFIA FALSA	14	FONTE DE BARBEARIA	26
LETRA DE FORMA DIFERENTE	16	FONTE RETRÔ	28
FONTE 3D	18	RÓTULO DE GARRAFA	30
FONTE WESTERN	20	LETREIRO DE CIRCO	32
FONTE FACETADA	22	CAPITULARES	34
FONTE DIVERTIDA	24		

Desenhos

FAIXAS	38	LOUROS	46
MOLDURAS	40	COZINHA	48
SETAS E PENAS	42	FLOREIOS	50
FLORES	44		

Projetos

QUADRO PEQUENO	54	QUADRO PARA ANIVERSÁRIO	60
CAMISETA DESCOLADA	55	SALA DE ESTAR	61
PAREDE DE CAFÉ	56	QUARTO	62
QUADRO INFANTIL	57	QUADRO COM FLORES	63
CONVITE DE CASAMENTO	58	QUADRO SIMPLES	64
LOUSA PARA COZINHA	59		

vai com fé

INTRODUÇÃO

Caligrafia é a arte de se expressar graficamente e de maneira harmoniosa por meio da escrita. Este livro pretende apresentar algumas noções básicas, ensinar técnicas simples, oferecer referências e estimular a realização de pequenos e grandes projetos pessoais. Começaremos com as letras. Essa é a primeira e mais importante etapa para suas criações. Mostraremos alguns elementos decorativos. E, por fim, daremos algumas ideias para você juntar tudo isso em trabalhos de *design* e decoração. Relaxe e faça dessa arte um prazer!

MATERIAIS

Todas as atividades e os projetos deste livro foram cuidadosamente selecionados para que você possa realizá-los com materiais simples que tem em casa ou que encontra facilmente em qualquer papelaria. São eles: régua, lápis, borracha, lápis-giz (*chalk pencil*) e qualquer caneta de ponta redonda. Aqui mostraremos outros materiais que não são obrigatórios, mas que podem trazer resultados interessantes para suas criações. Aí, basta deixar a imaginação correr solta!

CANETA DE PONTA FINA

CANETA-PINCEL

CANETA DE PONTA CHANFRADA

GIZ

ACREDITE EM VOCÊ! O TREINO LEVA À PERFEIÇÃO.
A caligrafia oriental surgiu na China há mais de 3.000 anos. Apesar de parecer uma arte simples, ela possui várias técnicas que precisam ser aperfeiçoadas com muito treino. Nela tudo é importante. As linhas têm um sentido correto e cada traço tem seu significado, inclusive os espaços em branco.

TIPOS DE LETRAS

Antes de começar a desenhar as letras, é preciso conhecer um pouco mais sobre os formatos, os estilos e a aplicação de cada tipo de fonte.

Manuscrita

ABCDEFGHI
JKLMNOPQR
STUVWXYZ

- Utilizadas em títulos e assinaturas.
- Imitando a escrita manual, são estrelas de frases e pequenas mensagens.
- São românticas e sofisticadas.

Decorativa

ABCDEFGHI
JKLMNOPQR
STUVWXYZ

- Utilizadas em trabalhos temáticos e datas comemorativas.
- Trazem personalidade.
- São casuais e divertidas.

COM SERIFA

SERIFAS SÃO ESTES PROLONGAMENTOS NO FINAL DOS TRAÇOS QUE FORMAM AS LETRAS.

- Utilizadas em textos longos.
- Dão sensação de fluidez para a leitura.
- Oferecem conforto visual.
- Transmitem seriedade.
- Estão relacionadas ao "tradicional".

SEM SERIFA

- Utilizadas em títulos e logomarcas.
- Seus poucos detalhes tornam a leitura mais fácil.
- Uso carcterístico do *design* minimalista.
- Transmitem irreverência.
- Estão relaciondas ao "moderno".

DIFERENTES SENSAÇÕES

Outro fator importante ao escolher uma fonte para seu projeto é ter em mente a mensagem, a sensação que se quer passar ao leitor. É possível transmitir alegria, seriedade, noção de época... tudo isso apenas variando a tipologia. Combinar diversos estilos de letras pode enriquecer visualmente sua produção, mas vá com cautela. Na dúvida, não arrisque um exagero.

Festivo

RETRÔ

DiveRtido

Rústico

Terror

VINTAGE

Confiante

Sofisticado

DECORADO

Menu

menu

Food :)
Taste Lunch
Dinner
BREAKFAST
Good!
Coffee
Dessert

APRENDA ALGO novo TODOS OS DIAS

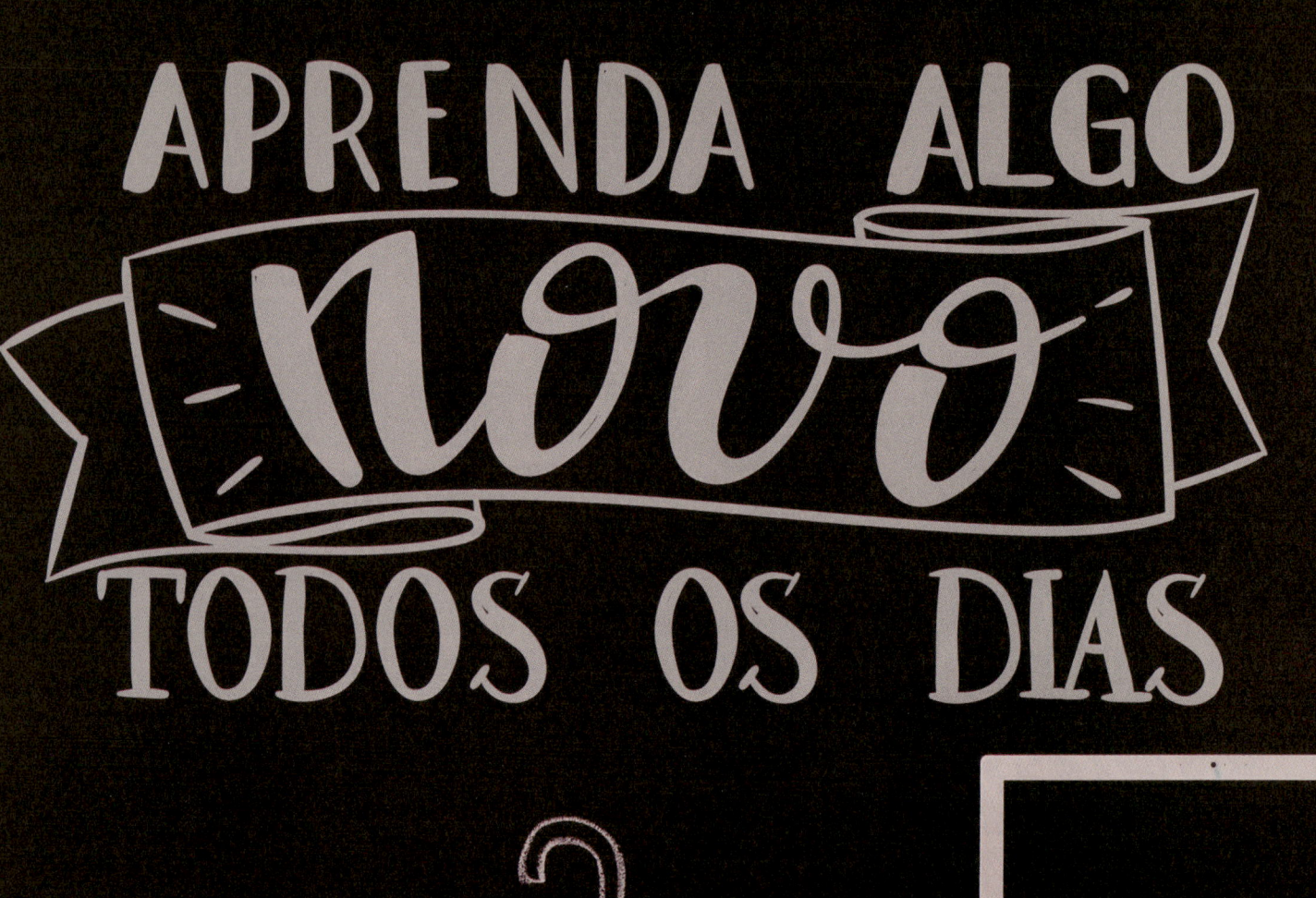

LETRAS

Nesta seção apresentaremos o passo a passo para o desenho de alguns tipos de letras. Observe que, na maioria dos casos, você pode utilizar os mesmos procedimentos para fazer variações ou até criar sua própria fonte. Ao lado de cada estilo, você encontrará um espaço com pautas para colocar todas as explicações em prática. Copie, modifique, inove... O importante é ter em mente que com o treino sua produção artística ficará cada vez mais autêntica e com estética apurada.

CALIGRAFIA FALSA

1 Escreva a letra "a" em letra cursiva.

2 Desenhe uma segunda linha nos lugares em que, ao escrever a letra, a caneta se desloca de cima para baixo.

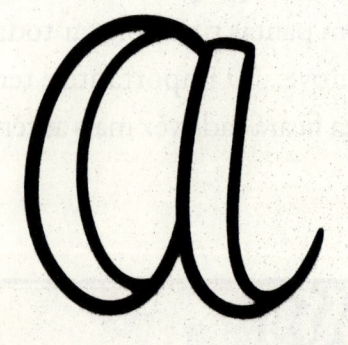

3 Preencha os espaços criados pelos traços duplos para gerar o efeito de linhas mais grossas.

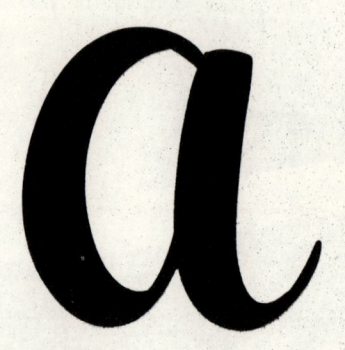

DICA: Em vez de preencher totalmente os espaços, você pode criar efeitos diferentes, como o traçado com linhas horizontais.

abcdefg
hijklmn
opqrst
uvwxyz

TREINE AS LETRAS INDIVIDUALMENTE OU ARRISQUE ALGUMAS PALAVRAS.

LETRA DE FORMA DIFERENTE

1 Desenhe os traços básicos da letra seguindo o exemplo.

2 Faça um traço vertical ao lado direito do traço principal da letra.

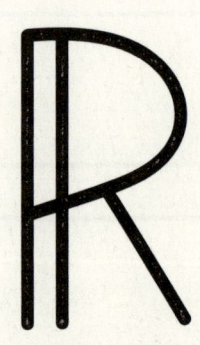

3 Na pontinha superior esquerda da letra, adicione a serifa aumentando um pouco o traço. Depois, nas bases da letra, faça pequenos traços horizontais.

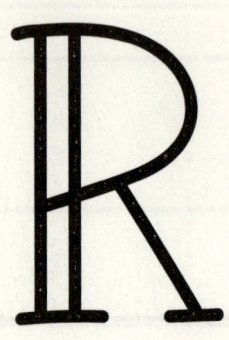

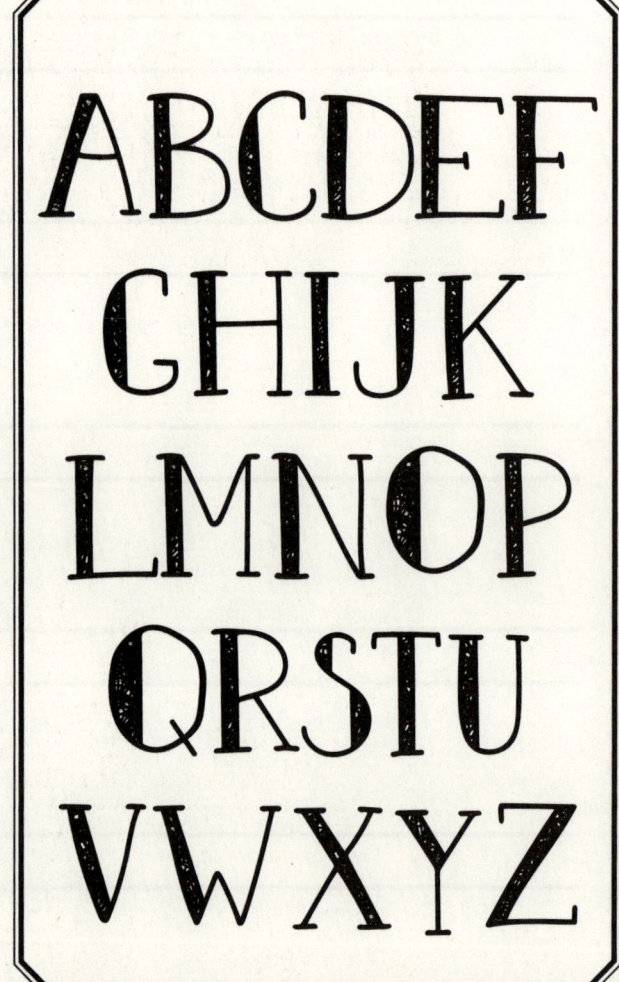

4 Para finalizar, preencha o espaço entre as duas grandes linhas verticais.

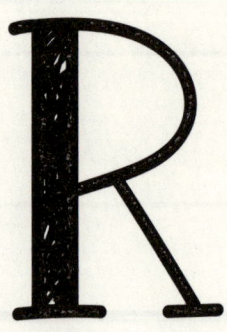

ABCDEF
GHIJK
LMNOP
QRSTU
VWXYZ

TREINE AS LETRAS INDIVIDUALMENTE OU ARRISQUE ALGUMAS PALAVRAS.

FONTE 3D

1 Desenhe os traços básicos da letra seguindo o exemplo.

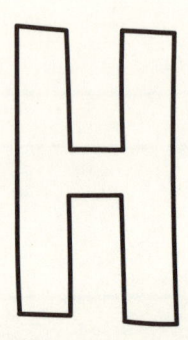

2 A partir dos cantos que os traços básicos formam, desenhe pequenos traços diagonais à direita.

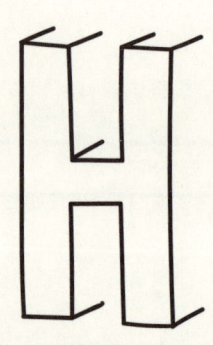

3 Ligue os traços diagonais com traços horizontais e verticais para criar espaços fechados contornando a letra.

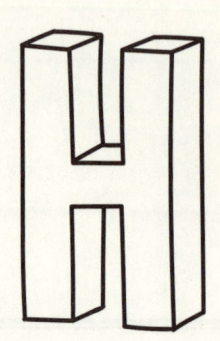

4 Para criar o efeito, preencha com linhas paralelas os espaços de sombreamento.

TREINE AS LETRAS INDIVIDUALMENTE OU ARRISQUE ALGUMAS PALAVRAS.

FONTE WESTERN

1 Faça os traços básicos da letra seguindo o exemplo.

2 Do lado de fora da letra, crie linhas duplas com traços horizontais e verticais.

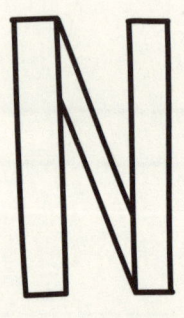

ABCDEF
GHIJK
LMNOP
QRSTU
VWXYZ

3 Desenhe pequenas abas nas hastes de cima e de baixo da letra.

4 Para criar o efeito, preencha toda a letra eliminando as divisões.

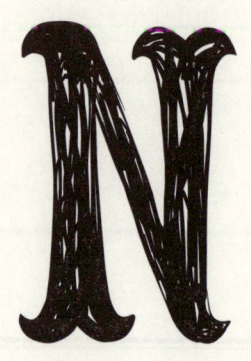

TREINE AS LETRAS INDIVIDUALMENTE OU ARRISQUE ALGUMAS PALAVRAS.

FONTE FACETADA

1 Faça os contornos da letra conforme o exemplo abaixo.

2 Desenhe um triângulo na parte de baixo da letra. Depois, faça pequenas linhas diagonais dentro da letra. Duas delas ligando as pontas, as outras duas apenas pela metade.

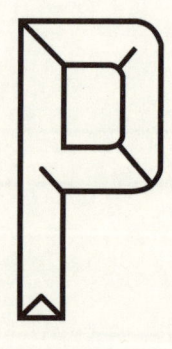

3 A partir da ponta do triângulo, suba uma linha vertical até a linha diagonal. Em seguida, complete a volta da letra "P" até encontrar a linha vertical.

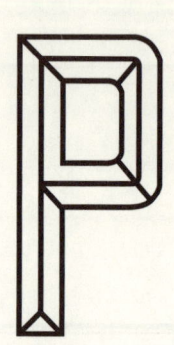

4 Para criar o efeito, preencha os espaços de modo alternado, formando uma sombra como se a luz estivesse batendo no canto superior direito.

TREINE AS LETRAS INDIVIDUALMENTE OU ARRISQUE ALGUMAS PALAVRAS.

FONTE DIVERTIDA

1 Desenhe os traços básicos da letra conforme o exemplo.

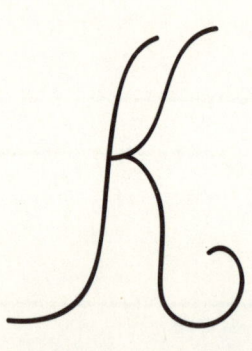

2 Amplie as pontinhas da letra fazendo linhas curvas e voltinhas com pequenas abas. Depois, desenhe a linha dupla.

3 No espaço vazio das linhas duplas, desenhe na vertical uma linha dupla ondulada.

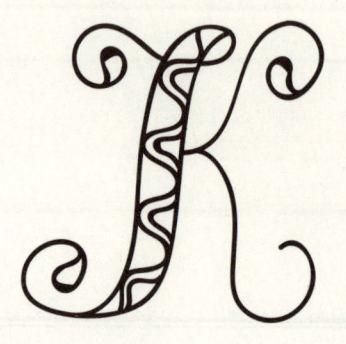

4 Preencha alguns espaços da linha dupla ondulada para formar um padrão de decoração.

TREINE AS LETRAS INDIVIDUALMENTE OU ARRISQUE ALGUMAS PALAVRAS.

FONTE BARBEARIA

1 Faça o desenho da letra "B" conforme o exemplo.

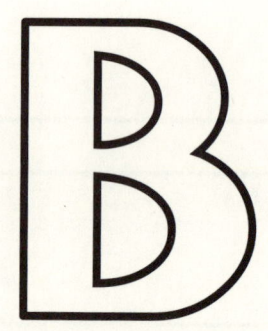

2 Nas pontinhas da linha vertical que forma o contorno da letra "B", faça duas pequenas abas com linhas curvas simulando a serifa.

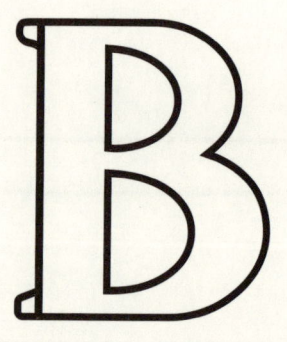

ABCDE
FGHIJ
KLMN
OPQR
STUV
WXYZ

3 Preencha a letra e também as abas.

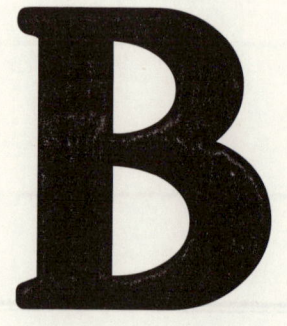

4 Para criar o efeito de sombreamento, acrescente linhas à direita das existentes na letra. Lembre-se de deixar um espaço entre a letra e a sombra.

TREINE AS LETRAS INDIVIDUALMENTE OU ARRISQUE ALGUMAS PALAVRAS.

FONTE RETRÔ

1 Desenhe os traços básicos da letra seguindo o exemplo.

2 Nas pontinhas da linha horizontal de cima, faça duas pequenas linhas diagonais.

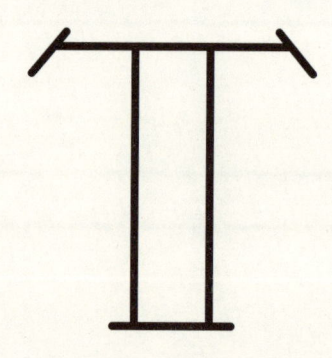

3 No espaço interior da letra, de fora para dentro, faça duas linhas verticais paralelas, tanto da direita para a esquerda quanto da esquerda para a direita. Repare que vai ficar um espaço maior no centro.

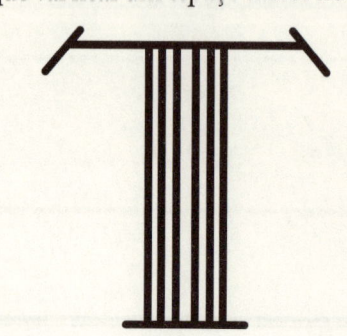

4 Preencha o espaço maior no centro para completar o efeito.

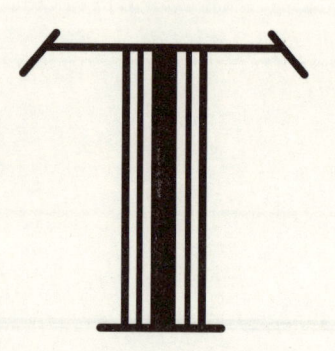

TREINE AS LETRAS INDIVIDUALMENTE OU ARRISQUE ALGUMAS PALAVRAS.

RÓTULO DE GARRAFA

1 Faça os traços básicos da letra seguindo o exemplo.

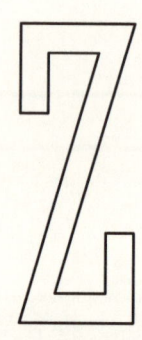

2 Faça pequenos triângulos nas pontas da letra, simulando a serifa. Depois, no centro da letra, desenhe uma pequena asa.

3 Preencha toda a letra. Repare que, acima da asa, é preciso deixar um pequeno espaço em branco.

4 Para criar o efeito de sombreamento, acrescente linhas à direita das existentes na letra. Lembre-se de deixar um espaço entre a letra e a sombra.

TREINE AS LETRAS INDIVIDUALMENTE OU ARRISQUE ALGUMAS PALAVRAS.

LETREIRO DE CIRCO

1 Faça o contorno básico da letra conforme o exemplo.

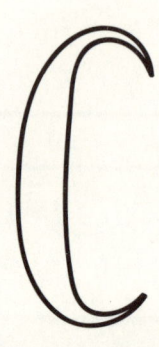

2 Nas extremidades da letra, desenhe voltinhas para dentro com a técnica das linhas duplas. Repare que ambas as voltinhas possuem em seu início uma pontinha apontando para fora.

3 No meio da letra, de ambos os lados, faça pequenos triângulos apontando para fora. Depois, no centro da letra, desenhe um pequeno balão com quatro cantos. Acima desse balão, faça duas gotinhas.

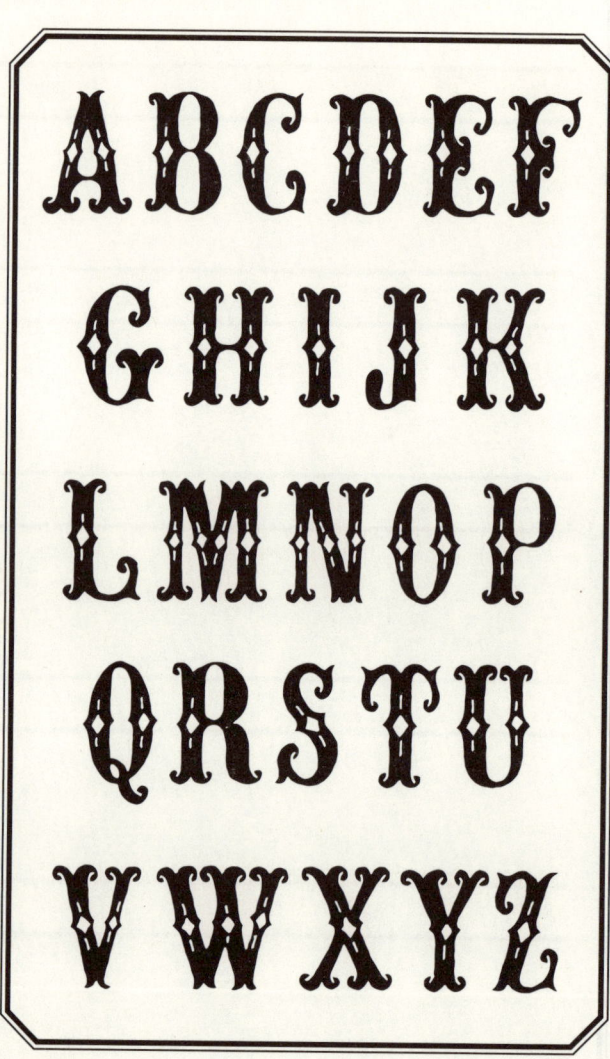

4 Preencha a letra deixando em branco o balão e as gotinhas.

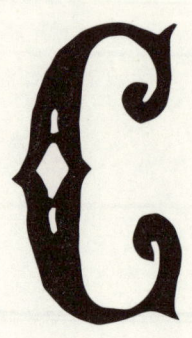

TREINE AS LETRAS INDIVIDUALMENTE OU ARRISQUE ALGUMAS PALAVRAS.

CAPITULARES

1 Faça o desenho da letra conforme o exemplo.

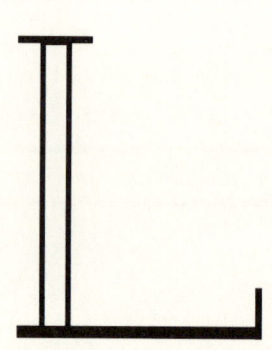

2 Faça uma linha curva que parta da ponta direita da letra, passe pela linha horizontal inferior e alcance a primeira linha vertical à esquerda. Depois, sobre essa linha curva, faça outras linhas curvas com voltinhas nas pontas.

3 Na parte de dentro da letra, desenhe duas fitinhas, a de baixo maior que a de cima. Na parte de fora, desenhe três bolinhas de diferentes tamanhos. Depois, a partir da linha vertical da letra, desenhe uma linha curva com voltinhas.

4 Para finalizar os detalhes, desenhe uma linha vertical ligada a uma linha horizontal na parte de cima da letra. Depois, preencha o espaço vertical da letra com hachuras.

TREINE AS LETRAS INDIVIDUALMENTE OU ARRISQUE ALGUMAS PALAVRAS.

LIFE is too SHORT to WAIT!

DESENHOS

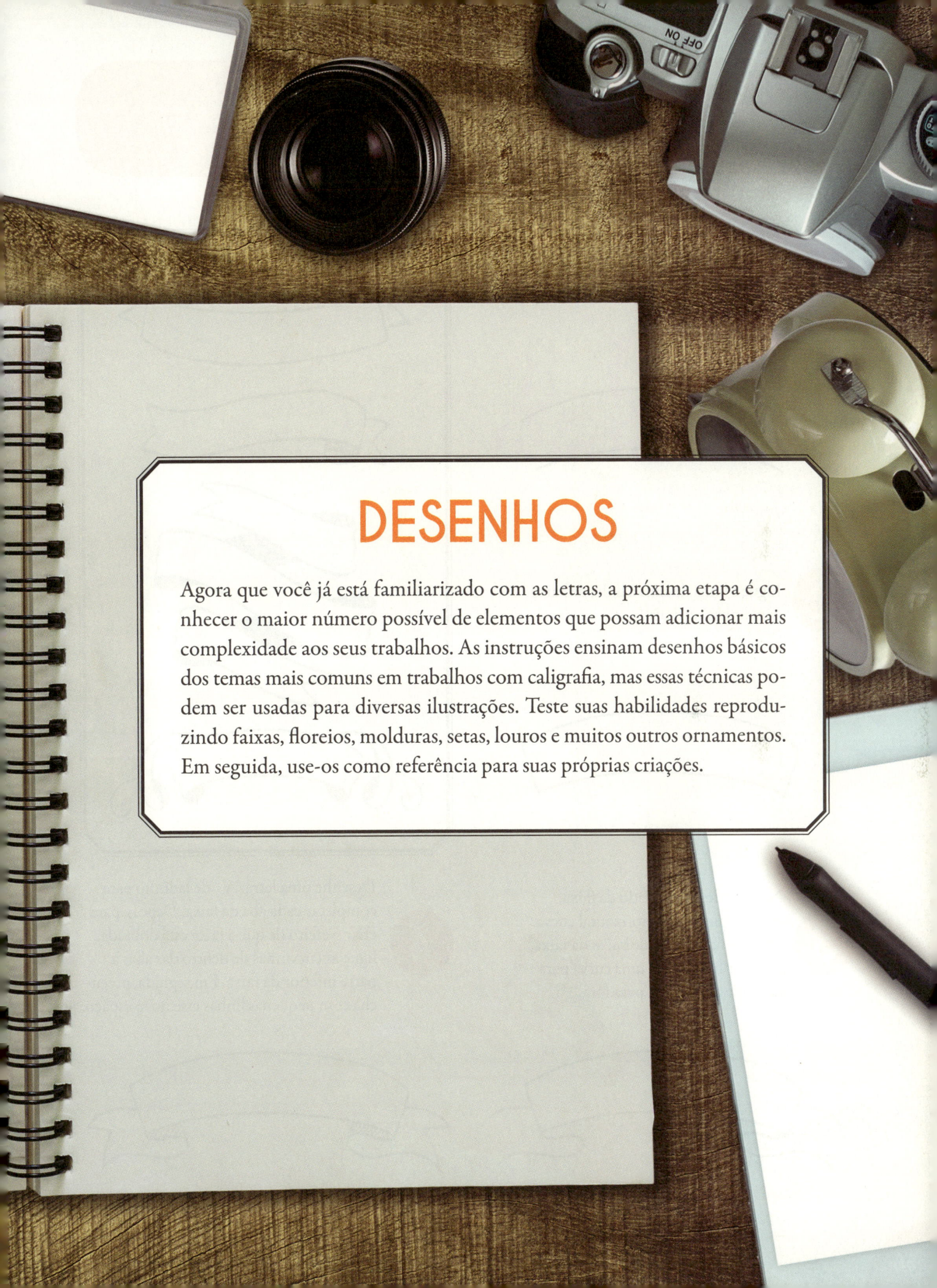

Agora que você já está familiarizado com as letras, a próxima etapa é conhecer o maior número possível de elementos que possam adicionar mais complexidade aos seus trabalhos. As instruções ensinam desenhos básicos dos temas mais comuns em trabalhos com caligrafia, mas essas técnicas podem ser usadas para diversas ilustrações. Teste suas habilidades reproduzindo faixas, floreios, molduras, setas, louros e muitos outros ornamentos. Em seguida, use-os como referência para suas próprias criações.

FAIXAS

1 Desenhe duas linhas horizontais curvas. Repare que a linha de baixo deve ser um pouquinho mais curta que a de cima.

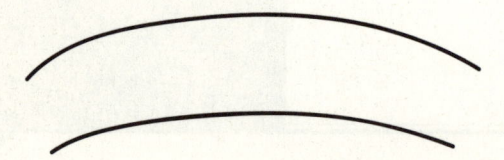

2 Ligue a linha de cima à linha de baixo com linhas verticais.

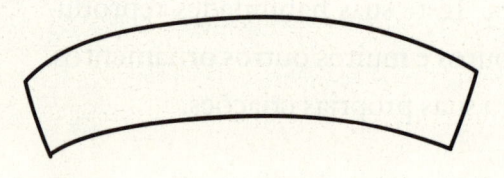

3 Na metade de cada lado da faixa, desenhe uma linha horizontal curva. Depois, nas pontas de baixo da faixa, desenhe linhas com uma curva para dentro e a pontinha para fora.

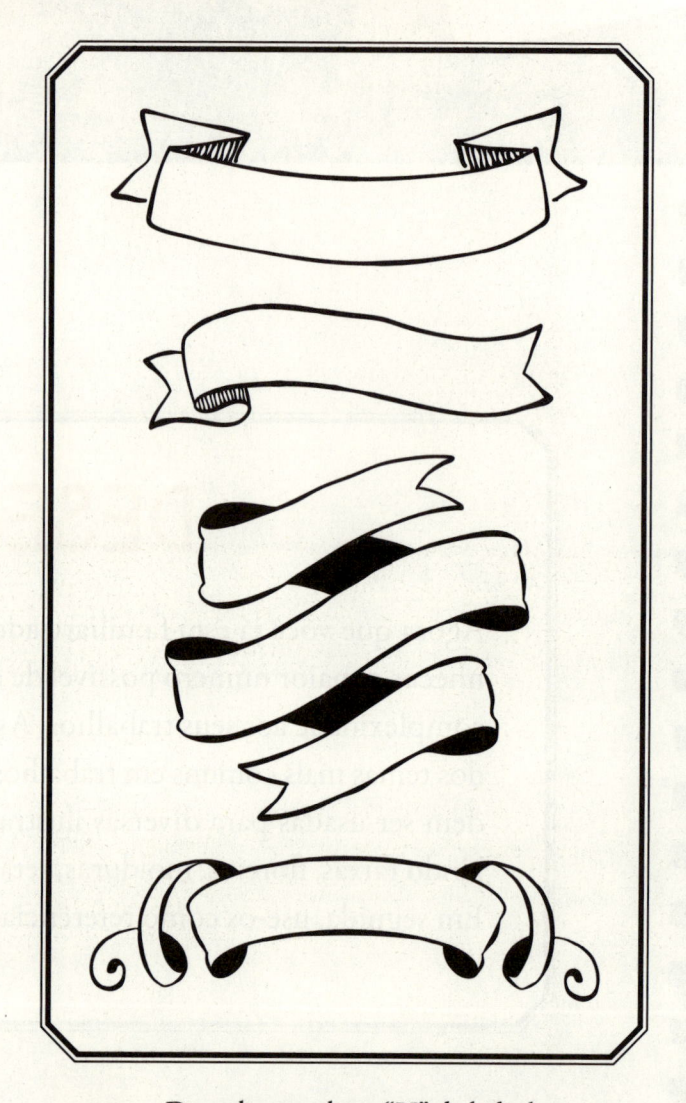

4 Desenhe uma letra "V" de ladinho para completar cada aba da faixa. Depois, para criar o efeito de que a faixa está dobrada, ligue as curvinhas de dentro das abas à parte inferior da faixa. Em seguida, preencha com pequenas linhas esse novo espaço.

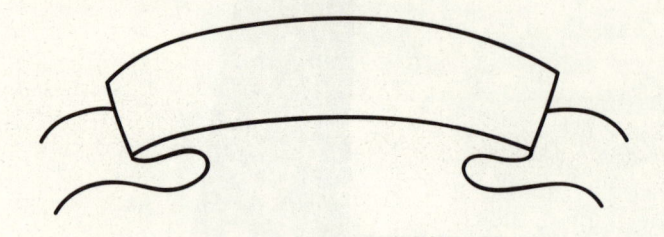

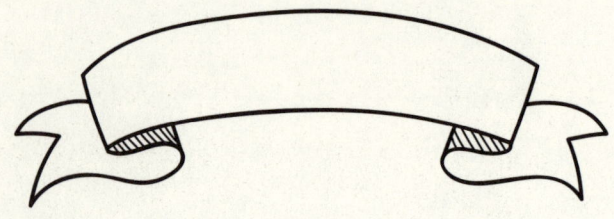

COLLECTION

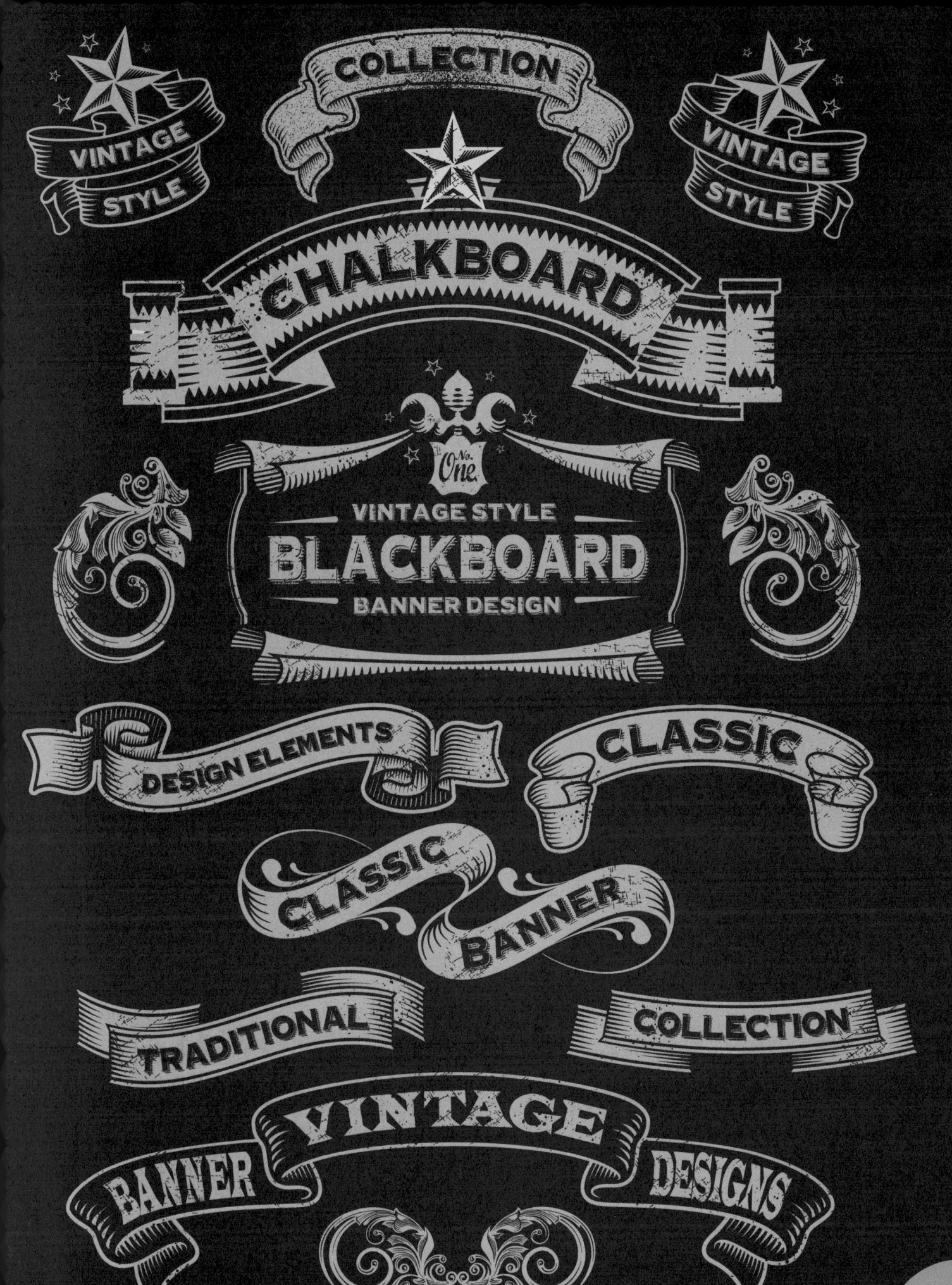

VINTAGE STYLE

VINTAGE STYLE

CHALKBOARD

No. One
VINTAGE STYLE
BLACKBOARD
BANNER DESIGN

DESIGN ELEMENTS

CLASSIC

CLASSIC BANNER

TRADITIONAL

COLLECTION

VINTAGE
BANNER DESIGNS
COLLECTION

MOLDURAS

1 Desenhe um quadrado.

2 Desenhe pequenas linhas curvas em cada cantinho do quadrado. Depois, apague as pontinhas.

3 Desenhe gotinhas na parte de fora de cada cantinho do quadrado.

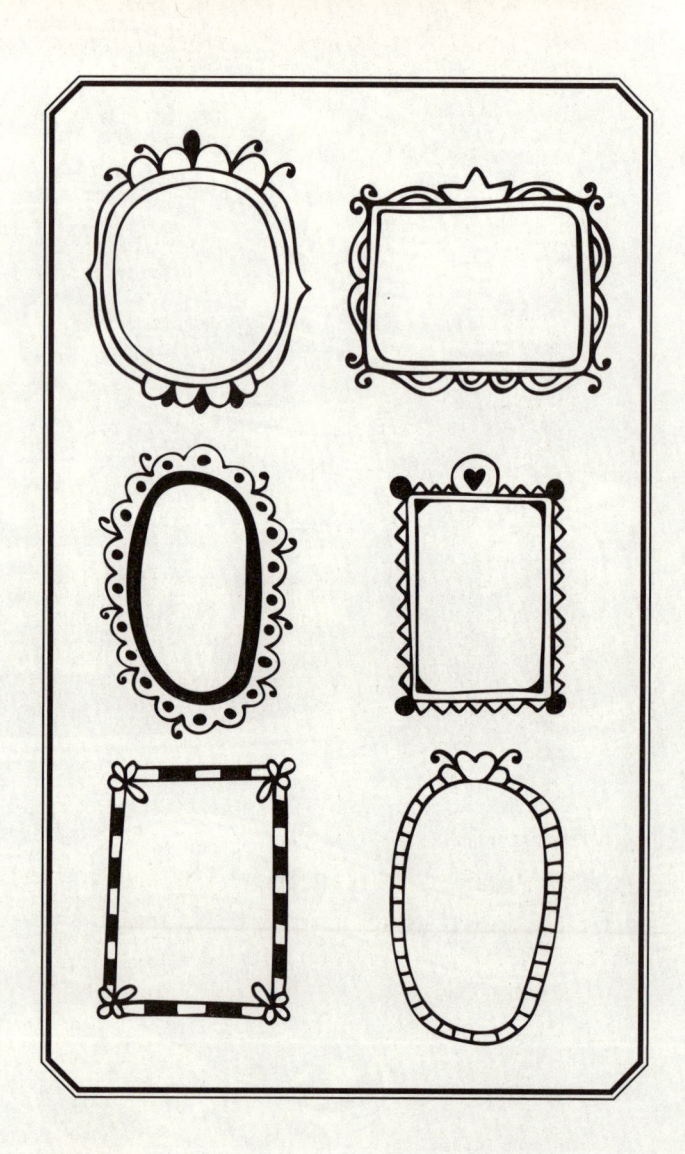

4 Desenhe gotinhas na parte de dentro de cada cantinho do quadrado. Depois, para criar o efeito de moldura, faça linhas retas ligando as gotinhas que estão dentro do quadrado.

40

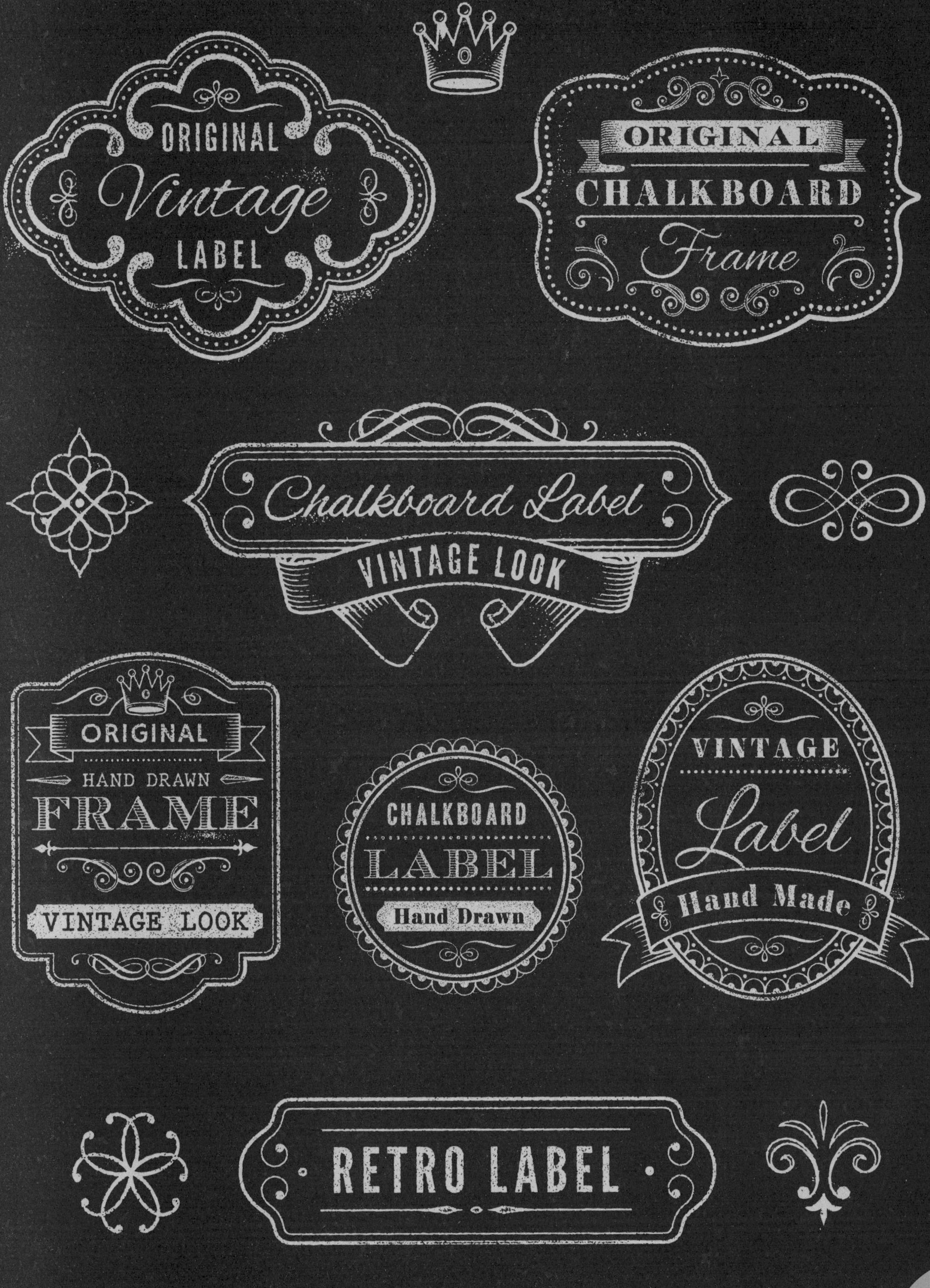
ORIGINAL
Vintage
LABEL
ORIGINAL
CHALKBOARD
Frame
Chalkboard Label
VINTAGE LOOK
ORIGINAL
HAND DRAWN
FRAME
VINTAGE LOOK
CHALKBOARD
LABEL
Hand Drawn
VINTAGE
Label
Hand Made
RETRO LABEL

SETAS E PENAS

1 Desenhe uma linha reta horizontal.

2 Desenhe um triângulo na extremidade da linha.

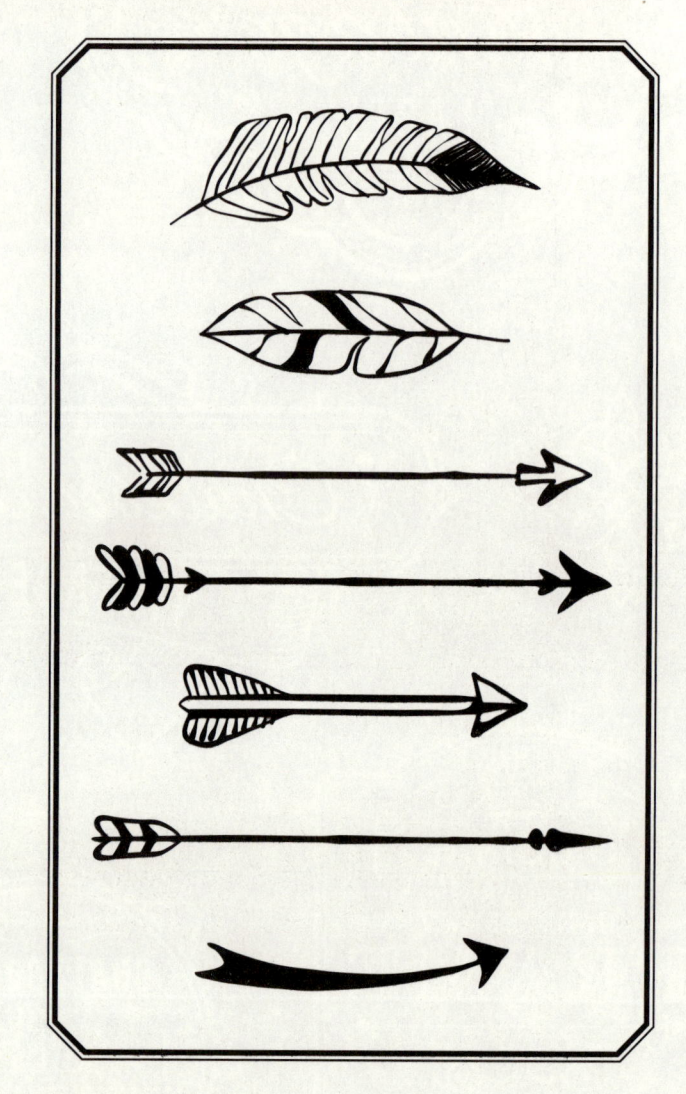

3 Desenhe a letra "V" de ladinho na outra extremidade da linha. Em seguida, desenhe mais uma letra "V" à direita da primeira. As letras podem ficar pertinho ou mais distantes uma da outra, a escolha é sua.

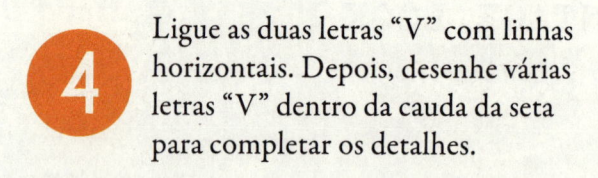

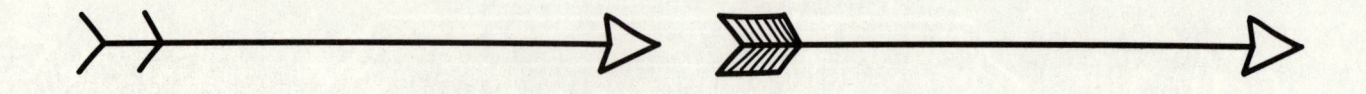

4 Ligue as duas letras "V" com linhas horizontais. Depois, desenhe várias letras "V" dentro da cauda da seta para completar os detalhes.

Good Morning!

FLORES

1 Desenhe a base da flor seguindo o exemplo. Para isso, faça linhas duplas onduladas. Depois, na pontinha direita, faça uma linha curva.

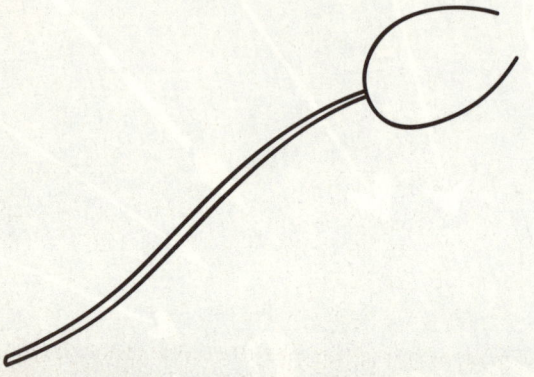

2 Dentro da linha curva, faça uma gota inclinada. Ligue as pontas da gota inclinada às pontas da linha curva com pequenas linhas diagonais.

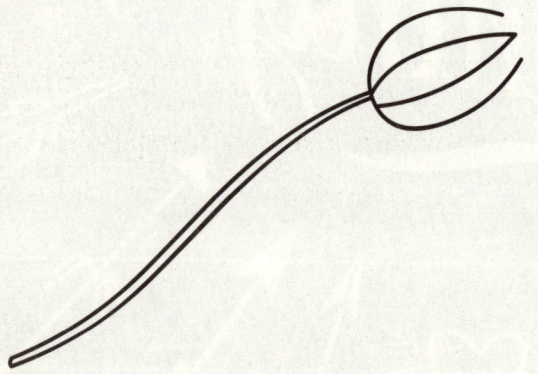

3 Na ponta do centro, do lado de fora, faça uma linha dupla. Depois, desenhe abas a partir da base da flor. Faça linhas duplas dentro das abas.

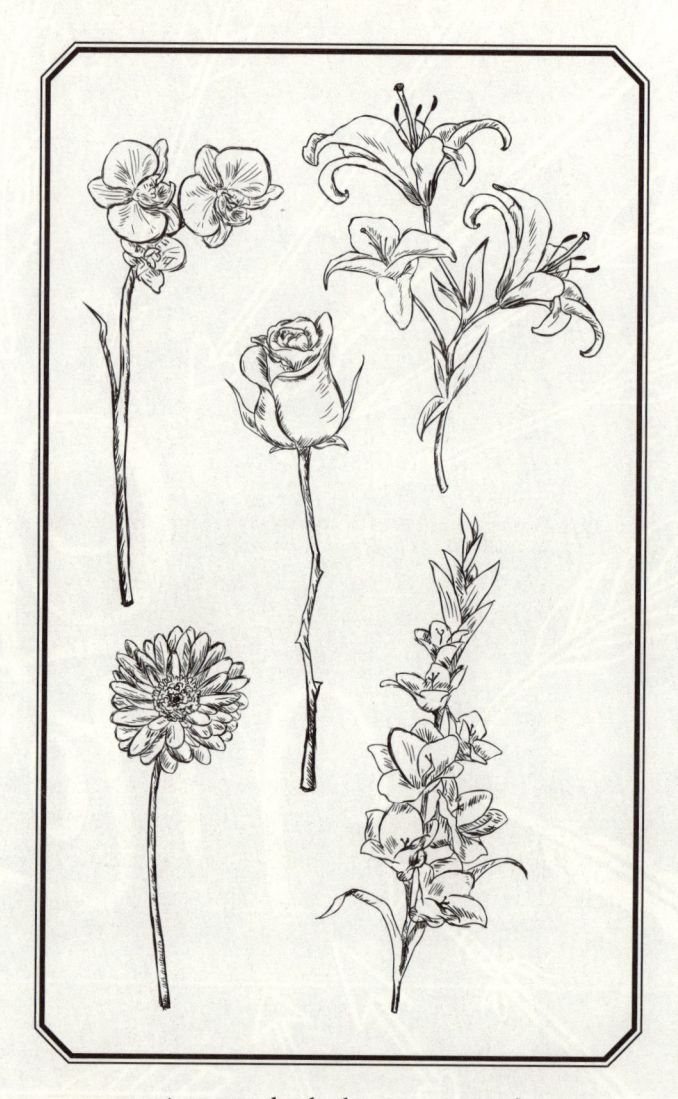

4 A partir das linhas que estão dentro das abas, faça pequenas linhas diagonais. Depois, preencha a parte superior da flor com linhas paralelas para criar o efeito.

45

LOUROS

1 Desenhe uma linha com o formato de sua preferência: reta, curva, ondulada, etc.

2 Desenhe uma gotinha em uma das pontas da linha.

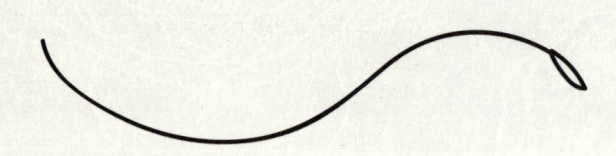

3 Desenhe uma série de duplas de gotinhas em toda a linha.

DICA: Para criar um efeito diferente, as gotinhas podem aumentar de tamanho gradativamente de uma ponta à outra da linha.

46

47

COZINHA

1 Seguindo o exemplo, desenhe na horizontal uma elipse "alongada". São duas linhas curvas que devem se encontrar nas pontinhas.

2 A partir das pontas da elipse, desça duas linhas curvas.

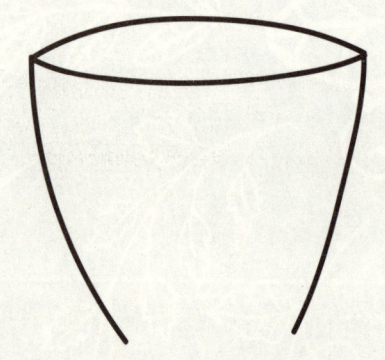

3 Complete a base do desenho com uma linha horizontal. Depois, um pouco abaixo da ponta direita da elipse, desenhe uma linha curva com uma voltinha para cima no final.

4 Para finalizar, faça uma linha dupla na linha curva com voltinha, sem deixar de fazer uma pequena aba na parte de dentro superior.

Coffee Time

FLOREIOS

1 Desenhe uma letra "X". Depois, nas pontinhas de cima do "X", faça linhas curvas formando as abas.

2 A partir das pontinhas de baixo do "X", faça novas abas e cruze outra vez as linhas formando um novo "X". Repare que as abas de baixo são menores que as abas de cima.

3 A partir das pontinhas de baixo do novo "X", faça novas abas e junte as linhas formando a letra "V".

4 Aplique a técnica da caligrafia falsa e preencha os espaços criados pelos traços duplos. Depois, faça três gotinhas em cima do desenho e preencha-as também.

Thank you

Agora é sua vez! Use este espaço para pôr em prática tudo o que você aprendeu. Solte sua imaginação e faça *designs* incríveis em *chalk lettering*. Para o efeito de giz, utilize o lápis-giz (*chalk pencil*).

Agora é sua vez! Use este espaço para pôr em prática tudo o que você aprendeu. Solte sua imaginação e faça *designs* incríveis em *chalk lettering*. Para o efeito de giz, utilize o lápis-giz (*chalk pencil*).

PEGUE A SUA IDEIA

faça o BEM que o resto VEM.

you are the best

aprecie as pequenas

PROJETOS

Legal! Mas e agora, o que eu faço com tudo que aprendi? Isso é o que você deve estar se perguntando e a resposta é: uma infinidade de coisas. Com poucos recursos e muita criatividade, você pode utilizar a caligrafia para deixar convites e peças de casamento ainda mais elegantes, mostrar o carinho da família com os pequenos, trazer vida ao lar, deixar o ambiente despojado, romântico ou superinteressante... Passe uma mensagem, deixe sua marca, mostre sua arte para o mundo. Boa sorte!

home sweet home

work hard be kind

Sabe aquele porta-retratos que você comprou na liquidação e não combinou com nada? Recorte um papel preto (pode ser cartolina, *color plus*, ou qualquer outro de alta gramatura) e utilize um pincel marcador de ponta fina na cor branca para deixar uma mensagem carinhosa ou positiva.

DEIXE SUA MENSAGEM! FRASES CURTAS FAZEM MAIS EFEITO!

Faça a sua própria camiseta personalizada! Você pode criar sua arte e optar pelo processo de *silkscreen* ou utilizar uma caneta para tecido. Duas dicas: use uma tábua de cozinha e prendedores para deixar sua camiseta bem esticada; um carbono pode ajudar a transferir e centralizar seu desenho do papel para o tecido.

SUA ESTAMPA PODE OCUPAR TODA A PEÇA OU SER UM LINDO DETALHE.

As paredes têm sido as estrelas do *chalk lettering* ou caligrafia com giz. Já existem tintas próprias para deixá-las como lousa. O mais legal é que, se você enjoou do que fez, basta apagar e renovar a decoração com um novo painel. Deixe os espaços de convivência ainda mais receptivos e divertidos!

CRIE UM CANTINHO PARA O CAFÉ COM LETRAS 3D E LOUROS.

Chá de bebê, batizado, aniversário... Essas ocasiões sempre merecem uma lembrança especial. Um pequena lousa pode registrar os últimos feitos da criança, deixar mensagens para os padrinhos e até revelar o tão esperado sexo do bebê. Mesmo com fundo preto, o colorido pode ser uma boa opção para os temas infantis.

MIGUEL
2 anos

EU AMO
- Desenhar
- Escalar
- Brincar

COMIDAS FAVORITAS
- Sorvete
- Chocolate
- Macarrão

TEMAS INFANTIS COMBINAM COM FAIXAS E DESENHOS. EXPERIMENTE!

Os monogramas deixam tudo mais chique num casamento! Os convites, as toalhas, os cardápios, os guardanapos, as *amenities* de banheiro, as lembrancinhas... Para criar uma, escolha uma fonte manuscrita e posicione as iniciais dos nomes dos noivos de forma harmoniosa. Finalize com louros e floreios.

REPRODUZA O MONOGRAMA DO CONVITE AO LADO OU FAÇA O SEU.

Pizza
MENU

Na cozinha, no restaurante, no *foodtruck*, uma lousa é sempre bem-vinda para apresentar o menu. Você pode apenas listar os itens do cardápio, mostrar os valores ou indicar a promoção do dia. Desenhos sempre são uma boa alternativa para chamar a atenção e aguçar o apetite.

CHEFE, QUAL O CARDÁPIO DO DIA? AQUI É VOCÊ QUEM MANDA!

A caligrafia também pode compor os objetos de decoração das mais diversas festas. Canetinhas coloridas e um pouco de imaginação podem transformar uma lousa branca na protagonista de uma mesa de aniversário, por exemplo. Ela é irreverente e tem um ar moderninho.

FAÇA O PRINCIPAL ELEMENTO DE DECORAÇÃO DESTA FESTA.

aprecie as pequenas coisas

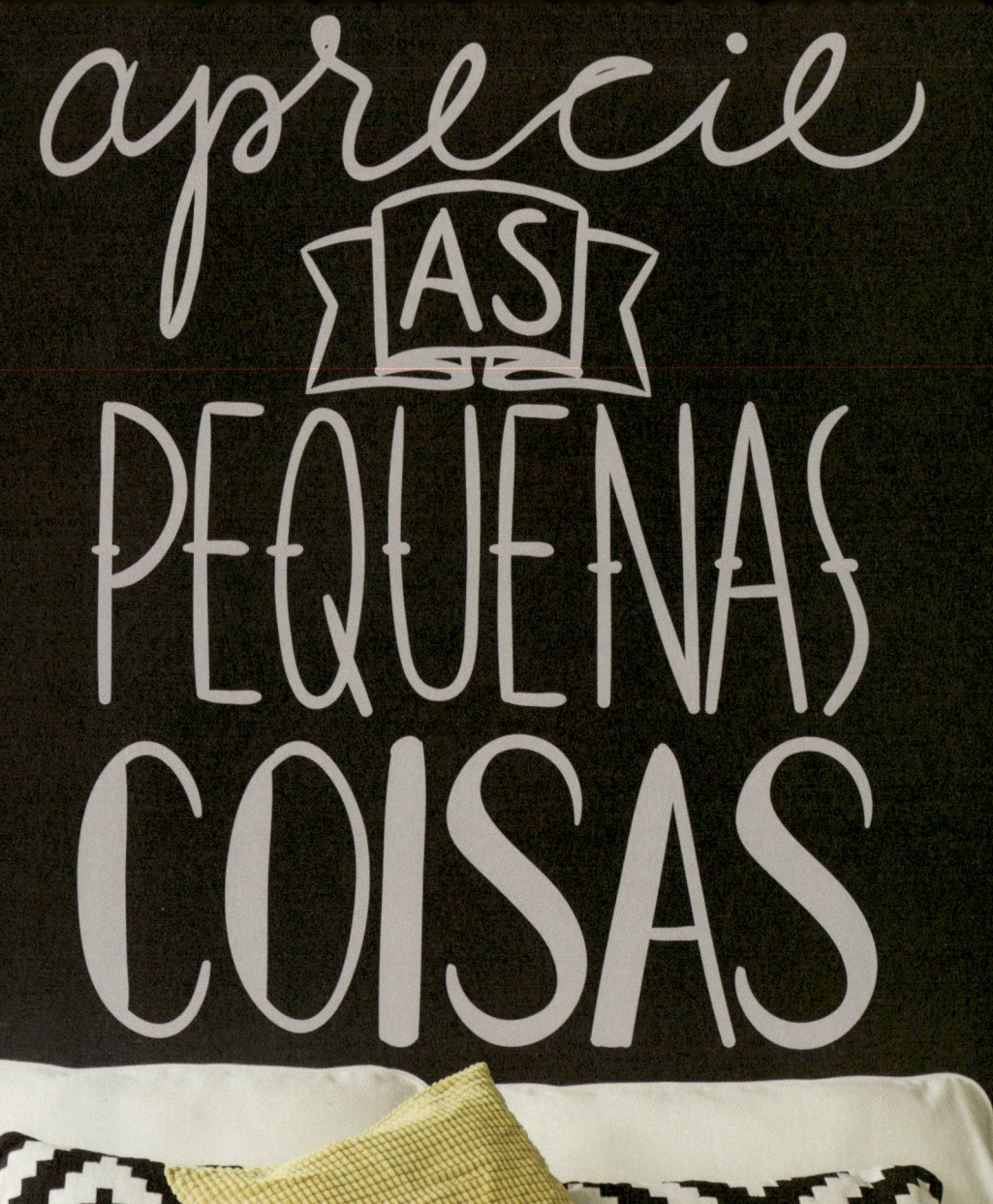

Quer deixar sua casa mais aconchegante? Escolha frases de efeito ou que tenham um significado especial para você. Para quem está começando ou quer facilitar a limpeza, faça a arte no computador e encomende a impressão de um adesivo vinílico já na dimensão desejada. Aplicar na parede não tem segredo.

Como seria a sua parede? Frases em inglês também funcionam.

73

PEGUE A SUA IDEIA

Quarto é lugar de descanso, mas também pode ser inspirador. Faça uma parede que o motive a melhorar, progredir, ter novas ideias! Gosta de um visual *clean*? Aposte em combinações simples e poucos floreios. Tons pastéis também são bem-vindos para ajudar a relaxar. Aqui ninguém quer muita informação. Certo?

ESCOLHA UMA FRASE MOTIVADORA PARA COMEÇAR BEM O DIA!

Quem disse que no quintal não pode ter um pouquinho de arte? Pode! E muita! É hora de abusar nas misturas. Combine tipologias diferentes, setas, floreios, molduras... Flores ou folhagens de verdade podem dar vida para o visual preto e branco do *chalk lettering*.

NATUREZA E CALIGRAFIA COMBINAM SEMPRE. USE E ABUSE!

Espalhe estes quadrinhos com mensagens pela sua casa e seu trabalho e dê de presente para todos os seus amigos. Eles são um barato! Dá para ser romântico, fazer piada, filosofar... e não precisa de muita coisa. Tem intimidade com o computador? É só imprimir! Não tem? Vai de canetinha mesmo! Fica lindo!

QUE TAL USAR O TRECHO DE UMA MÚSICA NESTE QUADRINHO?

TEVE UMA IDEIA? COMECE A RASCUNHAR SEU NOVO PROJETO.